Carmen Corvi

By Emma Renault-Varian

A Latin Novella for Beginning to Intermediate Readers

This is a work of fiction. All of the characters, organizations, and events portrayed in this novella are either products of the author's imagination or are used fictitiously.

Carmen Corvi

2023

Emma Renault-Varian

ISBN 9798391235125

Index Capitulorum

Praefatio

This story was originally written in the spring of 2020 as a distance learning assignment with my Latin 1A class at Small Middle School. My students determined the approximate direction of the story, and it would not exist without them.

The goal of this story is to provide comprehensible input in Latin by sheltering vocabulary and glossing any grammar that might be unclear as simply further vocabulary. To that end, this book contains approximately 175 unique Latin words, and any words used fewer than 5 times are glossed in the text.

The hope is that at least some readers will find the content engaging, encouraging them to lose themselves in the plot of the book so the brain can relax into acquiring the language.

That being said, this story is completely made up, and while characters from Roman mythology and Lovecraftian monsters are referenced, it is in no way based on real Roman myth or history. If, dear reader, you desire accurate retellings of myth or Roman stories, you would do better to chose another of the excellent Latin novellas available to you.

My particular thanks to John Bracey and Cat Herine for beta reading and editing this story, and my general thanks to all Latin teachers who have shared their novellas with the world; my teaching would be the poorer without you.

Verba Magni Momenti

Deus, dei	God/goddess
Sacerdos, sacerdotes	Priest/priestess
Corvus, corvi	Crow
Volo, velle, volui	Wants
Templum, templi	Temple
Vulpes, vulpis	Fox
Carmen, carminis	Song
Neco, necare, necavi	Kills
Deleo, delere, delevi	Destroys
Comedo, comedere, comedi	Eats

Capitulum Primum
Infans invenitur

Olim erat templum. Erat templum magnum et pulchrum. Multae sacerdotes in templo habitabant, et erant felices. Omnes sacerdotes templum curabant. Erat una ex sacerdotibus, nomine Mater Laelia, quam omnes aliae sacerdotes amabant. Sacerdotes aliae templum curabant, et Mater Laelia sacerdotes alias curabat.

Subito una ex aliis sacerdotibus ad Matrem Laeliam cucurrit!

"O Mater Laelia," dixit, "veni mecum! Est femina pro templo! Est femina cum infante!"

Mater Laelia attonita cum sacerdote cucurrit. Pro templo erat femina. Femina infantem habebat. Vulnus quoque femina habebat. Vulnus erat magnum, et erat multus sanguis.

"Salve, femina," dixit Mater Laelia sollicita. "Necesse est nobis te curare.

Nos sacerdotes te adiuvabimus. Nomen mihi est Mater Laelia, et sum sacerdos in templo. Veni mecum."

Femina autem dixit,

"Minime, Mater Laelia. Vulnus magnum habeo; moritura[1] sum. Infantem autem habeo! Cura infantem, o sacerdos! Si soror mea... dic sorori meae..."

Femina autem mortua est. Mater Laelia nesciebat quis soror feminae esset. Nesciebat quid femina vellet. Sciebat autem necesse esset infantem

---

[1] Moritura: about to die

curare. Mater Laelia infantem sumpsit et inspexit.

"O infans," dixit, "mater tua est mortua. Sed tu non es mortua. Tu sacerdos eris. Tu nobiscum in templo habitabis. Mater tua est mortua, sed tu felix eris. Sic nomen tibi eris Felicia. Salve, parva Felicia!"

Mater Laelia infantem Feliciam complexit. Felicia risit.

"Sed Mater Laelia," dixit sacerdos, quae spectabat. "Quid de corpore?"

Mater Laelia corpus inspexit. Vulnus erat magnum. Erat multus sanguis in corpore et vestimentis feminae. Anulum autem femina in digito habebat. Mater Laelia anulum sumpsit et inspexit. Anulus erat pulcher et signum habebat.

"O infans Felicia," dixit Mater Laelia infanti, "mater tua est mortua, sed tu anulum matris habebis. Ego hunc anulum tibi do."

"Sed anulus est pulcher!" dixit sacerdos. "Anulus est pretiosus[2]. Tu illum anulum deis dare debes. Sumus sacerdotes; nos pretiosa deis damus. Pretiosa faciunt deos felices."

---

[2] Pretiosum: a precious/expensive thing

“Anulus est Feliciae,” dixit Mater Laelia. “Anulus non est pretiosus deis, est signum matris Feliciae. Ego anulum Feliciae credo.”

Sic infans Felicia in templo cum Mater Laelia habitabat. Mater Laelia Feliciam infantem amabat et semper curabat. Aliae sacerdotes quoque Feliciam amabat et curabat, sed Mater Laelia erat sicut mater infanti.

Femina erat mortua, sic post templum sacerdotes sepulchrum

fecerunt. Sepulchrum erat parvum sed pulchrum. In sepulchro:[3]

DIS MANIBUS
NESCIMUS NOMEN
SED ERAT MATER
FELICIAE
SACERDOTES HOC
SEPULCHRUM
DEDERUNT

[3] Dis manibus: To the spirits of the underworld (inscription often found on tombs)

Capitulum Secundum
Amicus Subitus

Post decem annos[4] Felicia in templum cum sacerdotibus habitabat. Felicia parva volebat sacerdotem esse. Felicia templum amabat, et sacerdotes amabat, et vestimenta sacerdotum amabat.

---

[4] Post decem annos: ten years later

Carmina sacerdotum quoque amabat. Sacerdotes carmina saepe cantabant, quod carmina dei amabant. Carmina Felicia quoque amabat, et saepe cum sacerdotibus carmina cantabat.

Felicia erat felix, sed de matre scire volebat. Sic saepe rogabat,

"O Mater Laelia, quis erat mater mea?"

"Nescio quis mater esset, parva Felicia."

"Sed hic anulus?" rogabat. "Hic anulus erat matri?"

"Sic, parva Felicia. Ille anulus erat matri."

"Et mater sororem habebat!" Felicia semper dicebat. "Sic ego materteram[5] habeo!"

"Sic, parva Felicia," Mater Laelia ridebat. "Tu materteram habes."

Felicia sic Matrem Laeliam complectebat et ridebat quod Matrem Laeliam amabat, sed volebat de familia scire.

Felicia semper anulum in digito gerebat. Saepe anulum inspectabat. Signum in anulo erat pulchrum, sed Felicia nescivit quid esset. Matertera

---

[5] Matertera: aunt (the sister of your mother)

sciret? Felicia volebat multas res materterae rogare. Saepe ad sepulchrum matris ibat. Saepe sepulchrum inspectabat et complectabat. Saepe carmina sepulchro matris cantabat.

Olim Felicia post templum carmina matri cantabat. Subito multos vulpes in via post templum vidit! Multi vulpes aliquid[6] circumstabant et id videbant. Felicia attonita ad vulpes cucurrit. Cum vulpes Feliciam viderunt, fugerunt. In terra erat corvus parvus. Felicia eum inspexit.

---

[6] Aliquid: something

"O corve parve," dixit Felicia sollicita. "Vulpesne te comedere voluerunt? Eheu! Vulpes nunc te comedere non possunt; ego te curo!"

Sed corvus magnum vulnus habebat, et in corpore erat multus sanguis. Felicia corvum parvum sumpsit et ad Matrem Laeliam iit.

"Mater Laelia," dixit, "ego hunc corvum inveni. Multi vulpes hunc corvum circumstabant et eum spectabant. Nunc magnum vulnus habet! Timeo ne corvus moriturus sit. Volo corvum servare, sed nescio quomodo eum servam."

Mater Laelia corvum sumpsit et inspexit. Parvus corvus tacebat. Mater Laelia vulnus lente inspexit. Felicia sollicita Matrem Laeliam inspexit.

"O Mater Laelia," tandem clamavit, "possumusne corvum parvum servare? Possumusne corvum adiuvare?"

Mater Laelia diu[7] nihil dixit. Diu corvum inspexit. Corvus parvus tacebat, et erat multus sanguis. Tandem Mater Laelia dixit,

"Sic, parva Felicia. Possumus hoc corvum adiuvare. Nescio si possimus

---

[7] Diu: for a long time

corvum servare; nescio si corvus moriturus sit. Possumus autem adiuvare."

Cum Felicia Mater Laelia corvum diu curabat. Felicia corvum amabat et semper eum curabat et adiuvabat. Corvus erat adorabilis. Felicia diu erat sollicita et corvum diu curabat. Corvus lente convalescebat[8].

Tandem corvus vulnus non habebat; convalescerat. Felicia corvum servaverat. Felicia erat felix, quod

[8] Convalescebat: got better, recovered

corvum amavit, sed sollicita quoque, quod non voluit corvum abire[9].

"O corve parve," dixit Felicia. "Te amo. Tu vulnus nunc non habes. Quid tu nunc facies?"

"Nescio," dixit corvus. "Quid faciam?" [10]

"Licet tibi abire et ad alios corvos revenire," dixit Felicia, "aut licet tibi mecum manere et in templo habitare. Si tu mecum maneres, ego te curarem. Si tu mecum maneres, vulpes te non comederent."

---

[9] Abire: to leave
[10] Quid faciam: what should I do?

“Quid tu vis me facere?” corvus rogavit. “Visne me abire et ad alios corvos revenire?”

“Minime,” Felicia dixit. “Volo te mecum habitare, quod te amo. Sed si tu abire vis, non prohibeo.”

“Sic volo tecum manere,” corvus dixit, “quod tu me servavisti et te quoque amo.”

Felicia erat felicissima, et dixit, “Sic necesse est mihi nomen tibi dare! Nomen tibi erit Albertus. Mecum manes, Alberte?”

“Sic,” corvus dixit. “Sum Albertus, et tecum maneo.”

Felicia Albertum amabat, et Albertus Feliciam amabat. Felicia multa carmina Alberto cantabat. Felicia multa carmina sciebat quod sacerdotes multa carmina cantaverunt. Albertus quoque carmen cantabat, sed sciebat unum carmen solum:

Eheu eheu corvi parvi
Volo vobis pauca fari[11]
Hostis veterus oblitus[12]
Tandem nos delere situs[13]

---

[11] Pauca fari: to say a few things
[12] Hostis veterus oblitus: The old forgotten enemy
[13] Tandem nos delere situs: At last positioned to destroy us

Albertus autem nescivit totum carmen. Hoc carmen Felicia amabat; sic Albertus saepe hoc carmen cantabat. Albertus vulpes timebat, sed Felicia eum curabat, et vulpes Albertum non comederunt.

Multis annis Felicia et Albertus in templo habitabant. Cum Felicia sedecim annos[14] habebat, tandem sacerdos facta est[15].

---

[14] Sedecim annos: sixteen years

[15] Facta est: became

Capitulum Tertium

Verba Dei

Omnes sacerdotes una[16] carmen cantabant. Sacerdotes carmen deae Vestae cantabant. Felicia quoque cantabat, quod tandem erat sacerdos; tandem vestimenta sacerdotis gerebat;

[16] Una: together, as one

tandem templum curabat; tandem cum sacerdotibus in templo deis cantabat.

Subito deus Apollo ad sacerdotes venit! Apollo dixit, "O sacerdotes, dei nunc corvos non amant. Corvi sunt mali. Non licet sacerdotibus corvos habere. Si sacerdos corvum videt, necesse est illi sacerdoti corvum necare. Valete, sacerdotes!"

Sic Apollo dixit et templum exiit.

Sacerdotes attonitae tacuerunt. Nesciebant quid dicerent. Cur dei corvos non amarent? Sacerdotes nolebant corvos necare, sed nolebant deos esse iratos.

Felicia erat irata et templum exiit.

"Non licet sacerdotibus corvos habere?" Felicia sibi dixit. "Necesse est sacerdotibus corvos necare? Sic ego non sum sacerdos!"

"Felicia?" vox post eam[17] dixit. Erat Mater Laelia.

"O Mater Laelia," Felicia dixit. "Totam vitam volui sacerdotem esse. Sed amicus meus est corvus! Quid faciam[18]? Cur dei volunt nos corvos necare?"

---

[17] Post eam: behind her

[18] Quid faciam: what should I do?

“Felicia mea,” dixit Mater Laelia, “dei non semper sunt optimi. Dei saepe sunt scelerati. Olim erat femina Niobe, quae multos infantes habebat. Niobe dixit se esse melior quam deam Latonam, quod dea Latona Apollinem et Dianam solam habebat, non multos infantes. Sic irati Apollo et Diana infantes Niobis necaverunt.”

“Dei infantes necaverunt?” Felicia clamavit. “Sed est sceleratum!”

“Sic,” Mater Laelia dixit. “Est sceleratum infantes necare. Sed dei saepe sunt scelerati.”

"Cur nos deos sceleratos curamus?" rogavit Felicia. "Cur sumus sacerdotes deis pessimis?"

"Quod dei sunt potentes," dixit Mater Laelia. "Sunt potentissimi. Dei pretiosa nobis dant, aut letum[19]. Dei nos adiuvant, aut necant. Sic volumus deos felices esse, non iratos."

Felicia nescivit quid faceret.

"Quid faciam, Mater Laelia?"

"Fuge, Felicia," dixit Mater Laelia. "Albertum serva. Vos non estis tuti[20] in templo. Fuge cum Alberto. Fuge quam

---

[19] Letum: death, destruction

[20] Tuti: safe

celerrime. Sceleratum est facere deos iratos, sed sceleratius est amicum necare."

"Sic ego et Albertus quam celerrime fugimus," dixit Felicia. "Vale Mater Laelia! Tu es sacerdos optima!"

"Si ego essem sacerdos optima," dixit Mater Laelia, "necarem Albertum. Sic non sum sacerdos optima. Volo sacerdotem optimam esse, sed volo magis[21] feminam optimam esse. Vale, parva Felicia. Te amo."

---

[21] Magis: more

"Te quoque amo!" dixit Felicia. Felicia lacrimans Matrem Laeliam complexit et ad Albertum cucurrit.

"O Alberte," dixit, "veni mecum! Non sumus tuti in templo. Necesse est nobis e templo fugere."

"Cur necesse est nobis e templo fugere?" Albertus attonitus rovagit. "Vulpesne adsunt? Timeo vulpes! Vulpes sunt terribiles!"

"Non vulpes, sed deus sceleratus," dixit Felicia, et sacerdos cum corvo e templo fugit.

Capitulum Quartum
Alia Sacerdos

Felicia et Albertus e templo fugerunt, sed non erant tuti. Felicia et Albertus timebant ne dei eos necarent. Sic Romam ierunt, quod erat urbs magna. Si Romae habitabant, dei eos invenire non possent. Romae essent tuti.

Subito Felicia et Albertus feminam viderunt. Femina vestimenta sacerdotis gerebat.

“Eheu!” Felicia sollicita Alberto dixit, “est alia sacerdos! Si sacerdos te videt, te necabit! Fuge!”

Sacerdos autem eos viderat. Felicia et Albertus quam celerrime fugerunt. Per multas vias cucurrerunt. Tandem illam sacerdotem non viderunt.

“O Alberte,” dixit Felicia, “sum perterrita! Nolo sacerdotem te necare!”

“Noli timere, Felicia,” dixit Albertus. “Ego tibi carmen noster canto.”

Sic Albertus cantavit:

Eheu eheu corvi parvi
Volo vobis pauca fari[22]
Hostis veterus oblitus[23]
Tandem nos delere situs[24]

“Carmen est pulchrum,” vox post eos dixit. Erat sacerdos quam viderant!

---

[22] Pauca fari: to say a few things
[23] Hostis veterus oblitus: The old forgotten enemy
[24] Tandem nos delere situs: At last positioned to destroy us

Felicia et Albertus attoniti coeperunt fugere, sed sacerdos dixit,

"Noli me timere! Nomen mihi est Fatima, et ego sum sacerdos. Tu vestimenta sacerdotis geris. Esne tu quoque sacerdos?"

Felicia sollicita tacuit. Fatima Albertum viderat, sed eum non necabat.

"Carmen est pulchrum," Fatima iterum dixit. "Quis est hostis in hoc carmine?"

"Nescio," dixit Albertus. Felicia sollicita tacuit.

"Vos non estis tuti," Fatima tandem dixit. "Veni mecum!"

Felicia cum Fatima ire non voluit, sed in via non erant tuti, et Fatima Albertum non necaverat. Fatima cum Felicia et Alberto ad templum iit.

"Nunc sumus tuti," dixit Fatima. "In hoc templo habito. Sumus tuti in hoc templo."

Templum erat parvum, sed pulchrum. Felicia alias sacerdotes non videbat, sed Fatimam solam.

"Corvus est pulcher," Fatima dixit. "Quid nomen est?"

"Nomen mihi est Albertus," dixit corvus. "Et amica mea est Felicia."

"Cur tu Albertum non necas?" Felicia subito clamavit.

Fatima erat attonita.

"Tu vis me Albertum necare?"

"Minime," dixit Felicia, "sed tu es sacerdos! Necesse est sacerdotibus corvos necare! Ego eram sacerdos, sed dei nunc corvos non amant. Ego Albertum amo, sed non licet sacerdotibus corvos habere. Sic Albertus et ego fugimus."

"Ego volo te adiuvare," dixit Fatima, "quod ego quoque fugio."

"Quid?" rogavit Felicia attonita. "Habesne tu quoque corvum?"

"Ego corvum non habeo," Fatima dixit, "sed testudinem."

Fatima parvam testudinem sumpsit.

"Haec est testudo mea, nomine Gorax. Cum Gorace in hoc templo habito."

Gorax erat testudo parva et felix. Felicia et Albertus Goracem inspexerunt. Gorax erat adorabilis! Gorax nihil dixit, sed felice tacebat.

"Sed dei testudines non amant," Fatima dixit. "Non licet sacerdotibus testudines habere. Sic Gorax et ego fugimus. Ego timeo ne dei Romani nos inveniant et necent! In templo nunc sumus tuti, sed olim dei nos invenient; in templo sic non semper erimus tuti. Ego autem consilium habeo."

"Quid est consilium?" rogavit Felicia. "Adiuva nos! Ego quoque timeo ne dei nos inveniant et necent! Dei Romani sunt scelerati. Quid est consilium?"

Fatima risit.

"Nos contra deos bellum gerimus."

Capitulum Quintum
Bellum Gerere

Bellum contra deos?" dixit Felicia attonita. "Esne tu insana? Nos sumus mortales! Dei sunt immortales. Quomodo nos contra deos bellum geramus?"

"Ego sum sacerdos," dixit Fatima, "sed non sum sacerdos deis Romanis. Olim eram sacerdos deis Romanis, sed non nunc. Nunc ego sum sacerdos Cthulhu! Dei Romani sunt scelerati. Cthulhu est melior quam dei Romani. Cthulhu est maior quam dei Romani. Cthulhu est deus optimus! Cthulhu nos adiuvabit. Mihi crede, Felicia."

"Cthulhu contra deos Romanos bellum geret?" lente dixit Felicia sollicita. "Nescio si consilium sit optimum…"

"Consilium est optimum," dixit Fatima. "Dei Romani sunt scelerati. Dei

Romani multos mortales necaverunt. Dei Romani corvos et testudines non amant. Apollo et Diana infantes necaverunt! Iuppiter feminas saepe petit! Cur sunt dei? Non debent deos esse. Non meruerunt ut immortales sint. Cthulhu deum solum esse debet! Mihi crede."

"Noli Fatimae credere!" clamavit Albertus. "Consilium non est optimum! Dei Romani sunt scelerati, sed Cthulhu non est melior quam dei Romani! Fatima est insana!"

"Sed Alberte," Fatima ridens dixit, "Carmen tuum dixit hostem advenire.

Videsne? Hostes sunt dei! Dei hostes nunc sunt siti ad nos delendum[25], et necesse est nobis deos petere."

Albertus nihil dixit, sed erat sollicitus.

"Mihi crede, Felicia," dixit iterum Fatima. "Cum ego te vidi, anulum in digito vidi. Signum in anulo vidi. Hunc anulum olim habebat soror mea. Nunc tu anulum habes. Est signum."

"Matertera!" Felicia attonita clamavit. "Tu es matertera mea! Mater mea mortua est, sed anulus erat sibi.

[25] Siti ad nos delendum: positioned to destroy us

Totam vitam meam volui te videre. Nunc ades!"

Fatima Feliciam complexit. Felicia Fatimam complexit et lacrimare coepit.

"Materteram," iterum iterumque dicebat, "tandem materteram inveni!"

"O Felicia," Fatima tandem dixit. "Mater tua erat amicissima mihi. Erat sacerdos. Sed non licet sacerdotibus gravidam[26] esse. Cum mater tua gravida facta est, dei voluerunt eam necare. Sic cum infante fugit."

"O dei scelerati!" Felicia clamavit.

---

[26] Gravida: pregnant

"Cum mater tua fugit, volebam deos necare, sed nesciebam quomodo immortalem necarem. Nunc scio. Necesse est nobis Cthulhu advocare[27]. Sic mater tua voluisset[28]."

"Dei Romani sunt scelerati," dixit Felicia irata. "Dei non meruerunt ut sint immortales. Dei moriri debent. Bene.[29] Nos bellum cum Cthulhu contra deos geramus!"

Fatima risit. Fatima carmen magicum cantare coepit. Fatima Cthulhu advocare coepit. Albertus erat

---

[27] Advocare: to summon

[28] Voluisset: would have wanted

[29] Bene: very well.

perterritus et spectare non voluit. Felicia erat perterrita, sed spectavit.

Cthulhu erat ingens. Cthulhu erat terribile. Cthulhu voluit omnia delere et comedere. Fatima erat felicissima.

"O Cthulhu magnum," dixit Fatima, "bellum contra deos Romanos gere! Deos Romanos dele! Adiuva nos, o Cthulhu!"

Cthulhu ingens lente surrexit[30] et magna voce dixit:

~SIC. EGO DEOS ROMANOS DELEBO. EGO DEUS SOLUS ERO.

---

[30] Surrexit: got up, arose

Capitulum Sextum
Mors Immortalium

Cthulhu ingens ad Montem Olympum lente iit. Fatima felix et Felicia perterrita cum Cthulhu ierunt. Felicia et Albertus spectaverunt Cthulhu bellum contra deos gerere. Mercurius

Cthulhu gladio petivit, sed Cthulhu gladium et Mercurium comedit. Mars in curru[31] Cthulhu petivit, sed Cthulhu currum petivit et currus ad terram decidit. Cthulhu Martem comedit. Iuppiter fulmen[32] habuit. Iuppiter fulmine Cthulhu petivit. Cthulhu fulmen comedit. Cthulhu Iovem comedit. Dei erant perterriti.

Tandem Felicia Apollinem vidit. "Ille est deus qui ad sacerdotes venit!" Felicia Fatimae dixit. "Apollo dixit deos

[31] Currus: chariot
[32] Fulmen: Lightning

corvos non amare. Apollo me Albertum necare voluit!"

Apollo sagittas[33] habuit. Apollo Cthulhu cum sagittis petivit, sed Cthulhu risit et non mortuum est. Apollo Feliciam et Albertum vidit.

"Adiuva nos!" Apollo clamavit. "Cthulhu omnes deos necat! Tu es sacerdos. Adiuva nos!"

Felicia nescivit quid faciat. Felicia Apollinem non amavit, sed non voluit Apollinem moriri. Felicia non voluit Apollinem moriri, sed nescivit quid

---

[33] Saggitas: arrows

faceret. Felicia coepit ad Apollinem appropinquare.

"Quid facis, Felicia?" rogavit Fatima. "Necesse est Apolloni moriri! Apollo te et Albertum necare voluit!"

Felicia spectavit Apollinem cum sagittis Cthulhu petere. Felicia spectavit Cthulhu Apollinem comedere. Felicia lacrimare coepit.

"Quid ego feci?" Felicia rogavit.

Cthulhu Montem Olympum petivit, et Mons Olympus ad terram decidit. Cthulhu totum montem deleverat. Cthulhu risit et magna voce dixit:

~NUNC EGO SUM DEUS SOLUS. EGO TOTUM ORBEM DELEBO. EGO TOTUM ORBEM COMEDAM. NIHIL MANEBIT.

"Quid?" dixit Felicia. "Totum orbem? Minime! Nolo Cthulhu totum orbem comedere! Fatima, necesse est nobis prohibere Cthulhu orbem delere!"

"Prohibere Cthulhu orbem delere?" rogavit Fatima. "Minime! Cthulhu omnia delebit! Sic volo."

"Quid de Gorace?" dixit Felicia. "Tu non vis Cthulhu Goracem comedere!"

Fatima tacuit. Goracem inspexit. Gorax nihil dixit.

"Si Cthulhu Goracem comedere vult," tandem dixit lente Fatima, "licet Cthulhu Goracem comedere."

Fatima Goracem in terra pro Cthulhu posuit[34]. Gorax lente fugere coepit. Cthulhu magna voce risit.

"Eheu!" dixit Felicia. "Quid feci? Quid faciam?"[35]

"Necesse est nobis," dixit Albertus, "Cthulhu delere."

---

[34] Posuit: placed, put

[35] Quid feci? Quid faciam?: What have I done? What should I do?

Capitulum Septimum
Potentiores et Ferociores

Felicia Goracem sumpsit, quod non voluit Cthulhu Goracem comedere. Cum Gorace Felicia et Albertus fugerunt et Romam revenerunt. Felicia et Albertus timebant ne Cthulhu totum orbem deleret.

“Quid faciamus?” rogavit Felicia. “Quomodo nos Cthulhu deleamus?”

“Necesse est nobis socios[36] habere,” dixit Albertus. “Cthulhu vult totum orbem delere; omnes nos adiuvare debent! Omnes Cthulhu prohibere debent!”

Felicia ad Romanum, qui in via stabat, appropinquavit.

“O Romane, nos adiuva!” dixit Felicia. “Cthulhu adest, et vult totum orbem delere! Necesse est nobis eum prohibere. Mihi crede!”

---

[36] Socios: allies

"Quid?" dixit Romanus. "Tu es insana. Cthulhu non adest."

Romanus abiit.

Felicia ad Romanam, quae templum exiebat, appropinquavit.

"O Femina, nos adiuva!" dixit Felicia. "Cthulhu adest, et vult totum orbem delere! Necesse est nobis eum prohibere. Mihi crede!"

"Quid?" dixit Romana. "Tu es insana. Cthulhu est deus optimus. Non vult totum orbem delere."

Romana abiit.

"Eheu!" dixit Felicia. "Nemo vult nos adiuvare! Nemo mihi credit! Cur nemo mihi credit? Quomodo Cthulhu sine sociis prohibere possimus?”

Albertus nescivit. Gorax nihil dixit.

“Ego vos adiuvabo!” vox dixit. Erat Hercules! Hercules erat in via et ad Feliciam et Albertum appropinquavit.

“Hercules!” dixit Felicia. “Adiuva nos! Cthulhu adest, et totum orbem delere vult! Necesse est nobis eum prohibere. Mihi crede!”

“Cthulhu?” dixit Hercules attonitus. “Eheu! Cthulhu est ingens et terribile. Necesse est nobis socios habere.”

"Sed nemo vult nos adiuvare! Nemo mihi credit!" dixit Felicia. "Tu solus mihi credis."

"Ego ad Spartam eo," dixit Hercules. "In Sparta sunt multi milites. Milites mihi credent. Milites erunt socii. Milites nos adiuvabunt et Cthulhu prohibebunt."

"Ego et Albertus tecum iemus," dixit Felicia.

"Minime," dixit autem Albertus. "Necesse est mihi socios potentes et feroces invenire. Potentiores et ferociores quam milites in Sparta."

"Qui sunt potentiores et ferociores quam milites in Sparta?" rogavit Felicia.

Albertus erat perterritus, sed dixit:

"Vulpes."

Capitulum Octavum
Socii Spartani

Felicia cum Hercule ad Spartam iit, et Albertus ad vulpes. Albertus et Felicia timebant ne vulpes Albertum comederent, sed Albertus dixit necesse esse ad vulpes ire.

Cum Felicia et Hercules Spartam advenerunt, erant multi milites. Felicia ad milites appropinquavit.

"Adiuvate nos!" Felicia dixit. "Necesse est nobis Cthulhu petere! Cthulhu totum orbem comedere vult. Necesse est nobis eum prohibere. Necesse est nobis bellum contra Cthulhu gerere!"

"Bellum contra Cthulhu?" unus ex militibus dixit. "Esne tu insana? Cthulhu est ingens et terribile! Cthulhu nos comedat."

"Si nos bellum non geremus, nos omnes morituri sunt," dixit Hercules.

“Sic nos bellum geremus!” clamaverunt omnes milites. Sic Hercules et Felicia cum militibus ad Montem Olympum ierunt.

De Monte Olympo autem Cthulhu ierat et coeperat comedere urbem Romam. Romani erant perterriti et fugerunt. Ignes erant in viis. Templa ad terram deciderant. Milites Spartani Cthulhu circumstabant et petebant, sed Cthulhu erat potentior quam milites. Milites eum necare non potuerant.

“Eheu!” dixit Felicia. “Quid faciamus?”

"Cthulhu petimus!" dixit Hercules, qui gladium sumpsit et ad Cthulhu cucurrit.

Cthulhu autem Herculem petivit, et Hercules ad terram decidit. Hercules lente surrexit et iterum Cthulhu petivit, sed erat multus sanguis in corpore. Cthulhu ingens risit et Herculem comedit. Omnes milites Spartanos comedit. Felicia sola pro Cthulhu stabat, sed pugnare non poterat.

Felicia fugit. Post Feliciam Cthulhu magna voce risit et urbem Romam comedere iterum coepit. Felicia lacrimans nescivit quid faceret. Goracem sumpsit et complexit.

"O Gorax," dixit, "Quid faciamus?"

Gorax nihil dixit.

"Ubi est Albertus?" Felicia sibi rogavit. "Necesse est mihi Albertum invenire!"

Sed Albertum invenire non potuit. Nescivit ubi Albertus iisset.

"O Alberte," Felicia dixit, "esne tu mortuus? Vulpesne te comederunt? Eheu! Debebam tecum iisse! Debebam te ad vulpes ire prohibisse!"

Felicia lacrimavit quod Albertum amavit. Nescivit quid faceret.

Tandem Felicia ad templum revenit.

"Mater Laelia," Felicia dixit sacerdotibus. "Ubi est Mater Laelia? Necesse est mihi ei dicere!"

Omnes sacerdotes diu tacebant.

"Veni nobiscum," tandem dixit una ex sacerdotibus, et Felicia cum sacerdote post templum iit.

Post templum erat sepulchrum matris. Alium quoque sepulchrum aderat. Felicia Matrem Laeliam non vidit.

"Quid est?" dixit Felicia. "Volui Matrem Laeliam videre; cur nos ad haec sepulchra appropinquamus? Ubi est Mater Laelia?"

"Mater Laelia erat femina optima," dixit sacerdos, "sed non erat sacerdos optima. Dei erant irati quod Mater Laelia te et Albertum fugere adiuvit. Sic dei Matrem Laeliam necaverunt."

Felicia lacrimare coepit. Sepulchrum Matri Laeliae lente appropinquavit. Felicia ad terram decidit et sepulchrum complexit. In sepulchro:

DIS MANIBUS
MATER LAELIA
SACERDOS MALA
SED FEMINA OPTIMA
SACERDOTES HOC
SEPULCHRUM
DEDERUNT

"O Mater Laelia," Felicia lacrimans dixit, "tu hanc mortem non meruisti! Albertus est mortuus, nunc tu es mortua. Socios non habeo; sum sola. Cthulhu totum orbem delebit. Omnes morituri sunt, et est mea culpa[37]."

[37] Mea culpa: my fault

“Tu non es sola,” vox post eam dixit. Erat Albertus!

“O Alberte,” dixit Felicia attonita, “Timebam ne vulpes te comedisset! Tu non es mortuus! Sum felicissima!”

Felicia Albertum complexit.

“Veni mecum, Felicia,” dixit Albertus. “Necesse est nobis quam celerrime Romam revenire.”

“Cur nos Romam revenimus?” rogavit Felicia. “Nihil facere possumus. Cthulhu est ingens et terribile. Cthulhu totum orbem delebit; eum prohibere non possumus.”

"Habeo consilium," dixit Albertus, "sed necesse est nobis currere! Veni mecum quam celerrime!"

Sic Felicia et Albertus tandem Romam revenerunt.

Capitulum Nonum
Proelium Ultimum

Cthulhu totam Romam delebat. Ignes erant in viis; sanguis erat in viis; corpora erant in viis. Infantes lacrimabant. Romani clamabant et fugebant. Templa deleta erant. Omnes

Romani rogabant ut dei eos servarent. Dei autem mortui erant; sic nihil dicebant, non adiuvabant.

Pro Cthulhu Felicia et Albertus stabant.

"Alberte," dixit Felicia perterrita, "quid est consilium?"

"Socii!" clamavit Albertus. Subito multi vulpes adveniebant!

"Vulpes sciunt quomodo Cthulhu deleamus!" dixit Albertus. "Vulpes carmen magicum habent."

Vulpes Cthulhu circumstaverunt et petiverunt. Cthulhu voluit vulpes comedere, sed vulpes erant celeriores quam Cthulhu. Vulpes carmen magicum cantare coeperunt:

Eheu eheu vulpes parvi
Volo vobis pauca fari[38]
Hostis veterus oblitus[39]
Tandem nos delere situs[40]

"Alberte!" dixit Felicia, "Ille carmen scimus! Est carmen noster!"

"Sic," dixit Albertus. "Vulpes quoque carmen noster sciunt. Est

---

[38] Pauca fari: to say a few things
[39] Hostis veterus oblitus: The old forgotten enemy
[40] Tandem nos delere situs: At last positioned to destroy us

carmen magicum. Vulpes totum carmen sciunt!"

Vulpes totum carmen cantaverunt.

Una ad pugnandum stamus[41]
Omnes gentes[42] *adiuvamus*
Totam terram nunc servate,
Carmen magicum cantate!

Vulpes hoc carmen magicum cantaverunt. Cum vulpibus Felicia carmen magicum cantare coepit. Cum vulpibus Albertus carmen magicum

---

[41] Una ad pugnandum stamus: we stand together to fight
[42] Gentes: people

cantare coepit. Iterum iterumque[43] omnes una carmen cantabant.

"Carmen Cthulhu prohibet!" Felicia attonita Alberto dixit. "Carmen Cthulhu delet!"

Cthulhu erat iratum, sed non potuit vulpes delere; Cthulhu erat potentior quam vulpes, sed vulpes erant celeriores quam Cthulhu, et carmen magicum eum lente delebat. Cthulhu non potuit urbem delere. Cthulhu lente fugere coepit, sed non potuit. Cthulhu ingens ad terram lente decidit.

---

[43] Iterum iterumque: again and again

Tandem Cthulhu mortuum est. Felicia risit et Albertum complexit.

"Carmen Cthulhu delevit!" Felicia dixit iterum iterumque. "Nos Cthulhu delevimus!"

Omnes autem non erant felices.

"Quid tu fecisti?" clamavit Fatima. Fatima sola in via stabat. Erat sanguis in vestimentis, et lacrimabat.

"Cur tu Cthulhu delevisti? Cthulhu totum orbem meruit. Nunc Cthulhu est mortuum!"

Felicia lente ad Fatimam appropinquare coepit.

"Fatima," Felicia dixit. "Matertera. Cthulhu erat deus pessimus. Nunc est mortuum. Veni mecum! Mecum in templo habita. Cum Gorace in templo habita. Possumus felices esse."

Felicia Fatimam complectere coepit. Fatima iratissima Feliciam petivit.

"Tu Cthulhu delevisti! Cthulhu est mortuus, sed tu quoque es mortua, Felicia!"

Felicia erat perterrita.

"Noli Feliciam petere, Fatima!" vox post eas dixit. Erat Gorax! "Tu es sacerdos pessima, et femina pessima."

"Ego Feliciam necabo," dixit Fatima insana, "et si tu me prohibere vis, ego te quoque necabo!"

Gorax ignes exspiravit[44]. Fatima erat mortua. Felicia lacrimavit. Ad terram decidit et corpus Fatimae complexit.

"O Fatima," dixit lacrimans, "totam vitam te invenire volui. Nunc tu es mortua, et ego familiam iterum non habeo. Vale, matertera mea. Nunc iterum sum sola."

---

[44] Ignes exspiravit: breathed out fire

"Tu non es sola," vox post eam dixit. Albertus ad Feliciam lente appropinquabat. Erat sanguis in corpore, sed non erat mortuus.

"Nos tecum adsumus," dixit Gorax, qui quoque appropinquabat. "Nos te amamus. Tu familiam habes, quod nos te amamus."

Felicia lacrimavit, et Goracem et Albertum complexit. Non erat sola, quod amicos optimos habebat.

Capitulum Decimum
Finis

"Quid autem de deis?" tandem rogavit Albertus.

"Quid tu dicis?" Felicia rogavit. "Dei sunt mortui. Cthulhu deos comedit."

“Dei sunt immortales,” Albertus dixit. “Moriri non possunt. Sunt in Cthulhu, sed non sunt mortui.”

“Dei sunt scelerati,” dixit Felicia irata. “Dei meruerunt ut in Cthulhu maneant.”

“Quid de Hercule?” rogavit Albertus. “Quid de militibus Spartanis? Quid de Romanis quos Cthulhu comedit? Si non sunt mortui, meruerunt ut in Cthulhu maneant?”

Felicia nihil dixit. Felicia deos servare non voluit, sed Hercules eam adiuverat. Milites eam adiuverant.

Romani non erant scelerati; Romani non meruerunt ut in Cthulhu maneant.

Tandem Felicia ad corpus Cthulhu lente appropinquavit. In terra gladium vidit et sumpsit. Felicia gladio corpus secavit[45]. Dei erant in Cthulhu. Dei non erant mortui; lente surrexerunt et Cthulhu exierunt.

"Tu nos servavisti," dixit Iuppiter. Erat multus sanguis in corpore, sed erat felix. "Tu es sacerdos optima."

"Minime," dixit Felicia. "Sicut[46] Mater Laelia, sum sacerdos pessima.

---

[45] Secavit: cut open
[46] Sicut: just like

Non autem sum femina scelerata. Dei sunt scelerati, sed vos non meruistis ut in Cthulhu maneatis. Nemo meruit ut in Cthulhu maneat."

Post deos, Hercules et milites et Romani Cthulhu lente exierunt. Non erant mortui! Omnes lente surrexerunt et deos lente circumstaverunt.

"Sic," Felicia dixit, "non sum sacerdos deis Romanis. Sum sacerdos toto orbi. Unum templum non curo, sed totum orbem. Non deos Romanos, sed omnes gentes adiuvo. Si vos dei eritis scelerati..."

Felicia gladium sumpsit.

"Ego et socii Cthulhu delevimus. Vos quoque delebimus."

Corpus Cthulhus dei inspexerunt. Socios, qui deos circumstabant, dei inspexerunt. Feliciam, quae gladium atrum[47] sanguine Cthulhus sumebat, inspexerunt.

Dei tandem timebant ne morituri sint.

"Bene," Iuppiter tandem dixit. "Alea iacta est.[48] Licet sacerdotibus testudines et corvos habere. Nos autem

---

[47] Atrum: dark
[48] Alea iacta est: the die has been cast (indicates that things are now in the hands of fate)

te spectabimus, Felicia. Sicut tu nos spectabis, nos te spectabimus. Vale."

Dei ad Montem Olympum revenerunt. Milites Spartam revenerunt. Romani urbem curare coeperunt.

Felicia cum Alberto et Gorace ad templum revenit. Nemo erat in templo, quod aliae sacerdotes fugerant. Sed templum erat domus Feliciae. Felicia in templo iterum habitabat. Felicia templum iterum curabat. Felicia sepulchrum matris curabat. Felicia sepulchrum Matris Laeliae curabat. Felicia sepulchrum Fatimae fecit et curabat. In sepulchro:

DIS MANIBUS
FATIMA MATERTERA
FELICIAE
VOLUIT SCELERATOS
DELERE, SED
SCELERATA FACTA EST
FELICIA HOC
SEPULCHRUM DEDIT

Et semper Felicia expectabat. Exspectabat quod voluit scire si dei essent scelerati.

Diu[49] exspectabat.

---

[49] Diu: for a long time

Index Verborum

abeo, abire, abii: to go away; leave

ad: to/towards

adsum, abesse, adfui: to be absent, be away from

adiuvo, adiuvare, adiuvi: to help

adorabilis: adorable

advenio, advenire, adveni: to arrive

alia/alius: another

amo, amare, amavi: to love

amica/amicus: friend, friendly

anulus: ring

appropinquo, appropinquare: to approach

attonita/attonitus: surprised

aut: or

autem: however

bellum: war

  bellum gerere: to go to war

bene: very well

canto, cantare, cantavi: to sing

capitulum: chapter

carmen, carminis: song

celer: quick
  celerior: quicker
  quam celerrime: as quickly as possible

circumsto, circumstare, circumstavi: to surround

clamo, clamare, clamavi: to shout

coepio, coepere, coepi: to begin

comedo, comedere, comedi: to eat

complecto, complectere, complexi: to hug

consilium: plan

contra: against

corpus, corporis: body

corvus: crow

credo, credere, credidi: to believe, trust

curro, currere, cucurri: to hurry; to run

cum: with OR when

cur: why

curo, curare, curavi: to care for, to care about, to tend

currus: chariot

do, dare, dedi: to give

de: about

debeo, debere, debui: should

decido, decidere, decidi: to fall down, drop, die

dea/deus: god

deleo, delere, delevi: to destroy

dico, dicere, dixi: to say

digitus: finger

dis manibus: to the spirits of the underworld (inscription commonly found on tombs)

domus: home

e/ex: out of

ego: I

- **mihi:** to me
- **me:** me
- **mecum:** with me

eheu: oh no!

eo, ire, ii: to go

et: and

exeo, exire, exii: to leave

expecto, expectare, expectavi: to wait for (something)

facio, facere, feci: to make (something) or to do (something)

felix, felicis: happy

femina: woman

ferox, feroces: fierce
    ferocior: fiercer

fugio, fugere, fugi: to run away

gero, gerere: to wear
    bellum gerere: to go to war

gladium: sword

habeo, habere, habui: to have

habito, habitare, habitavi: to live (in a place)

hic/haec/hoc: this (thing), this person

hostis: enemy

ignis: fire

ille: that (thing), that person

mortalis: mortal
    immortalis: immortal

in: in, into

infans: baby

ingens, ingentis: huge

insana/insanus: insane

inspicio, inspicere, inspexi: to inspect, look closely at

invenio, invenire, inveni: to find, discover

irata/iratus: angry

iterum: again

lacrimo, lacrimare, lacrimavi: to cry

lente: slowly

licet: allowed to

magicus: magical

magna/magnus: large

mala/malus: bad

maneo, manere, mansi: to stay, to remain

mater: mother

matertera: aunt

mea/meus: my

melior: better

mereo, merere, merui: to deserve

miles, militis: soldier

minime: no

mons, montis: mountain

morior, moriri: to die

mors, mortis: death

mortua/mortuus: dead

multa/multus: many, a lot

neco, necare, necavi: to kill

necesse: necessary

nemo: no one

nihil: nothing

noli: don't

nomen: name

non: not

nos: we, us

nobiscum: with us

noster: our

nunc: now

olim: once; at some point

omnes: everything, everyone, all the (things)

optima/optimus: excellent, best

orbis: the world

parva/parvus: little

perterrita/perterritus: afraid

pessima/pessimus: awful, the worst

peto, petere, petivi: to attack, to target

possum, posse, potui: to be able to

post: after, behind

potens, potentis: powerful

praemium: gift, reward

pro: in front of; on behalf of

prohibeo, prohibere, prohibui: to prevent, restrain

pugno, pugnare, pugnavi: to fight

pulcher/pulchra: pretty

qui/quae/quod: who, which

quid: what

quis: who

quod: because OR which

quomodo: how

quoque: also

revenio, revenire, reveni: to come back, to return

rideo, ridere, risi: to smile, to laugh

rogo, rogare, rogavi: to ask

sacerdos, sacerdotis: priest, priestess

saepe: often

salve: hello

sanguis, sanguinis: blood

sceleratus/scelerata: wicked

scio, scire, scivi: to know
  nescio, nescire, nescivi: to not know

se: himself/herself/itself/themselves

sed: but

semper: always

sepulchrum: grave, tomb

servo, servare, servavi: to save, to preserve

si: if

sic: yes; thus

signum: sign; design; signal

socii: allies

sola/solus: alone; only

sollicita/sollicitus: worried

soror: sister

specto, spectare, spectavi: to watch

sto, stare, steti: to stand

subito: suddenly

sum, esse, fui: to be

sumo, sumere, sumpsi: to pick up

taceo, tacere, tacui: to be silent

tandem: at last

templum: temple

terra: ground, earth

terribile: frightful

testudo, testudinis: turtle

timeo, timere, timui: to be afraid
  timet ne: is afraid that

totam: the whole (thing)

tu: you
  tibi: to you/for you
  tecum: with you

tua/tuus: your

tutus/tuta: safe

ubi: where

unus/una: one
  una (adverb): together, as one

urbs: city

ut: so that
  meruit ut: to deserve (something)

vale: good bye; be well

venio, venire, veni: to come

vestimenta: clothes

via: road, street

video, videre, vidi: to see

vita: life

volo, velle, volui: to want
  nolo, nolle, nolui: to not want

vos: you guys

vox, vocis: voice

vulnus, vulneris: wound

vulpes: fox

Printed in Great Britain
by Amazon